Caída del cabello en el hombre

-Manual para recuperarlo-

Ángelo Cervantes

Ediciones Afrodita

Índice

Capítulo 1
Nociones generales sobre el cabello

Cabello: No necesario, pero extremadamente importante

Como "mono desnudo", el hombre ocupa una posición especial entre sus parientes más cercanos en el reino animal. Estrictamente hablando, por supuesto, no estamos realmente desnudos; la distribución de la capa de pelo muestra solo un patrón que es característico de los humanos. Cualesquiera que sean las razones de la gran reducción de la capa de pelo, desde un punto de vista puramente biológico y médico podemos afirmar: Si se trata de una mera cuestión de supervivencia, entonces el pelo no es necesario. Por otro lado, tenemos que darnos cuenta de que el cabello juega un papel sumamente importante, sobre todo desde un punto de vista social y psicológico.

Por último, pero no menos importante, la importancia del cabello se puede ver en la cantidad de tiempo y dinero que gastamos en cuidarlo. Para la mayoría de las mujeres, es probable que el compromiso de tiempo acumulativo sea de varios meses, en algunos casos incluso años.

El cabello no es solo un tema importante para las mujeres, sino también para los hombres. Para el "sexo fuerte" el miedo a la caída del cabello está en primer plano. Varios cientos de millones de hombres en todo el mundo se ven afectados por la manifestación típica de la pérdida de cabello masculina, la alopecia hereditaria (androgenética). Según un estudio, el 40 por ciento de los hombres de entre 30 y 50 años han notado personalmente la caída del cabello. El 15 por ciento tiene al menos una entrada de cabello pronunciada y el 3 por ciento solo una franja de cabello. Para la mayoría de los hombres, perder cabello es al menos incómodo; para algunos está relacionado con problemas graves de salud mental. Además, existe evidencia de que la calvicie puede tener consecuencias sociales negativas reales. En la lucha contra la calvicie, los hombres gastan recursos considerables. Por ejemplo, se dice que los hombres estadounidenses gastan más de $7 mil millones al año en ello.

La enorme importancia del cabello no es un fenómeno novedoso de nuestra sociedad occidental moderna. Significativamente, uno de los medicamentos más antiguos que conocemos de la historia médica es un remedio para la calvicie masculina: hace 4000 años, los antiguos egipcios frotaban una tintura de patas de perro molidas y fritas en aceite y pezuñas de burro en sus cabezas calvas. Conocemos mezclas igualmente extrañas de diferentes siglos y de todas partes del mundo. Pero no se trata solo de luchar contra la calva. Aunque se trate "solo" del mero embellecimiento del cabello, siempre se ha hecho un enorme esfuerzo en todo el mundo; tanto por hombres como por mujeres.

Para entender completamente el problema de la calvicie progresiva vale la pena comenzar desde el principio para poder entender las causas del problema y saber cómo afrontarlas:

Estructura del cabello

La parte del cabello ubicada sobre la superficie de la piel se llama eje. La que se ubica en la piel se llama raíz del cabello (o folículo piloso). En el lugar donde el cabello sale del grosor de la piel, se forma un receso: un embudo para el cabello. El bulbo está rodeado por un folículo piloso. El tipo de cabello depende de la forma del folículo: el cabello liso crece de un folículo redondo, el cabello ligeramente rizado de un folículo ovalado y el cabello rizado de un folículo renal.

Cada cabello consta de tres capas. La capa exterior, la cutícula, está formada por células planas, queratinizadas, que se superponen entre sí como tejas y cumplen una función protectora. Cuando las escamas de la cutícula están apretadas, superpuestas ordenadamente, el cabello es sedoso, suave y brillante. Si las células de la cutícula se dañan física o químicamente, el cabello pierde brillo, se vuelve quebradizo y se enreda con facilidad.

Dentro de la cutícula hay una sustancia cortical, la corteza, que consiste en células queratinizadas alargadas que contienen el pigmento melanina, que determina el color natural del cabello. Esta capa le da fuerza y elasticidad al cabello.

La parte central del cabello está representada por la médula, el núcleo, que consiste en células cúbicas queratinizadas y cavidades de aire entre ellas. Esta capa está ausente en el cabello fino (vello). Se desconoce el propósito de esta capa, pero se supone que transporta nutrientes a la corteza y la cutícula. Esto puede explicar el rápido cambio en el cabello durante la enfermedad.

El cabello en posición normal es oblicuo al plano de la superficie de la piel con la dirección de la inclinación a lo largo de las líneas de Langer, a excepción de las pestañas, el cabello del vestíbulo de la cavidad nasal y el meato auditivo externo, que siempre se ubican a la derecha ángulos a la superficie, y los dos primeros y las cejas no tienen músculos que levantan el pelo.

El brillo natural del cabello depende de su propia lubricación grasa, incluyendo un antiséptico, que ayuda en la lucha contra los microorganismos extraños. Las glándulas sebáceas se encuentran en la piel, secretan su secreto en los folículos pilosos. El lubricante brinda una excelente protección al tallo del cabello, alisa la superficie de la cutícula y ayuda al cabello a retener la humedad y mantener la elasticidad. Cuanto más suave es la superficie de la cutícula, más luz se refleja en el cabello y más brillante es. Por lo tanto, es mucho más difícil lograr el brillo del cabello rizado que el del cabello liso.

En algunos casos, por ejemplo, con una actividad hormonal excesiva, cuando las glándulas sebáceas segregan demasiada secreción, el cabello se vuelve graso. Si hay muy poco secreto, el cabello se seca.

En los seres humanos, se reemplazan tres categorías de cubierta de cabello durante la vida.

El primero, o germinal (lanugo), aparece a los 3-4 meses de vida intrauterina cuando los rudimentos del cabello aparecen en forma de protuberancias de la epidermis, antes de que comience a queratinizarse, en el tejido conjuntivo subyacente.

Antes del nacimiento, se reemplaza por la línea del cabello infantil o secundaria: todo el cuerpo está salpicado de pelos pequeños, ligeros y delgados que tienen un núcleo. Ya en la primera infancia en la cabeza, las cejas y las pestañas, se espesan y alargan.

La línea terciaria o terminal del cabello se forma al comienzo de la pubertad con la aparición de vello grueso en el pubis y las axilas, y más tarde en el abdomen, el pecho, las extremidades y la cara. Se caracteriza por grandes variaciones. Si es necesario, el vello puede eliminarse mediante depilación (temporal) o depilación (permanente).

Ciclos de crecimiento del cabello

La parte viva del cabello se encuentra debajo de la epidermis.

En el ciclo de vida de un cabello (bolsa de pelo), los científicos distinguen tres etapas o fases. La primera, anágena, es la fase de crecimiento activo. En esta etapa las células madre del folículo piloso se incrustan en el cuerpo del cabello y este se alarga. La segunda etapa, catágena es intermedia. Aquí el cabello deja de crecer y comienza su degeneración. La tercera y última etapa, la fase telógena o de reposo, es el cese completo del crecimiento, el cabello permanece en el folículo piloso durante algún tiempo y luego se cae.

Durante el desarrollo del cabello su germen epidérmico -el folículo piloso- está profundamente incrustado en el espesor de la dermis, formando una bolsa de pelo. La papila pilosa sobresale en la parte inferior del bulbo, la parte de la dermis que alimenta el bulbo con vasos sanguíneos y nervios. Las células del bulbo, al multiplicarse, proporcionan el crecimiento del cabello, cuyo núcleo consta de tres capas formadas por células queratinizadas ya muertas: un núcleo más o menos suelto, una capa cortical densa y una cutícula (sus células, dispuestas como tejas, forman escalones puntiagudos en la superficie del cabello).

Eventualmente, el cabello viejo se cae bajo la influencia del crecimiento de cabello nuevo y el ciclo comienza de nuevo. La primera etapa dura de dos a cuatro años, la segunda etapa, solo de 15 a 20 días, y la última, de 90 a 120 días. En un momento dado, alrededor del 93% del cabello se encuentra en la primera fase de crecimiento, el 1% en la segunda fase y el 6% en la tercera. El cabello del cuero cabelludo, que responde a las influencias hormonales de la misma manera que el vello corporal, está genéticamente programado para repetir el ciclo de crecimiento 24-25 veces durante la vida de una persona.

Tipos de cabellos

La línea del cabello humano está representada por diferentes tipos de cabello que crecen en la piel en toda la superficie del cuerpo, a excepción de: palmas, plantas, superficies laterales de los dedos, superficie dorsal de las falanges distales, borde rojo de los labios, pezones, labios menores, superficie interna de los labios mayores, clítoris, cabeza del pene genital, hoja interna del prepucio. Distribuido con una frecuencia de 9-22 por cm². Existen diferencias individuales tanto en la cantidad de dichos cabellos como en la profundidad de los folículos pilosos.

Tipos de cabello humano:

En los niños, se localizan en el cuero cabelludo (pese a que el cuero cabelludo humano está cubierto casi en su totalidad por pelo, el cuero cabelludo es la parte cubierta de pelo largo en la parte cerebral del cráneo, a excepción de la frente y el oído externo).

En adultos (incluidos los niños desde la pubertad): cuero cabelludo, barba, bigote, axilas, pubis, genitales.

La distribución es desigual: la mayoría del cabello (90 000-150 000) está en la bóveda craneal (distribuido a una frecuencia de 200-460 por cm²).

El vello corporal largo de un adulto tiene ciertas diferencias según la ubicación en el cuerpo, y también tiene diferencias de género e individuales. Entre ellos están:

- Peculiar de hombres y mujeres: vello del cuero cabelludo, vello perineal y púbico, vello axilar.
- Inherente principalmente en los hombres (no todos): vello en el pecho, vello en el vientre, vello en la espalda, vello en los brazos y piernas, vello facial largo en barba, bigote.
- Los niños tienen pestañas y cejas.
- En adultos: cejas, pestañas, cabello en el conducto auditivo externo y el vestíbulo de la cavidad nasal, cerca del ano.

Los pelos ciliados son relativamente pocos en número. En promedio, las cejas contienen 600, pestañas - 400 pelos

En el resto del cuerpo. Al mismo tiempo, en niños y mujeres, son más cortos, delgados y livianos, discretos. En los hombres, son más rígidos, más largos y más pigmentados; en algunos hombres, puede crecer vello similar al cabello largo en la piel del tórax, en la región peripapilar, región umbilical, línea media del abdomen y espalda.

Color del cabello

El color del cabello depende de los genes que lo determinan, fenotípicamente manifestado como una dependencia de la proporción de dos tipos de pigmento (melanina): eumelanina y feomelanina. La principal diferencia entre estas especies es la forma de sus gránulos. En la mayoría de los casos, los gránulos de melanina son alargados, se denominan eumelanina. Los gránulos de feomelanina tienen forma redonda u ovalada. Otro nombre para estos pigmentos, respectivamente: granular y difuso. Pigmento granular (eumelanina) marrón, consiste en una combinación de tres colores: azul, rojo y amarillo. Difuso (feomelanina) - amarillo. Todo cabello natural contiene ambos tipos de pigmentos. Puede haber tres colores de cabello en total: rubios, pelirrojos y morenos, y hay alrededor de 300 tonos. El cabello negro contiene más eumelanina, las rubias naturales tienen más feomelanina. Una alta concentración de feomelanina le da al cabello un tinte cobrizo.

A veces, los gránulos redondos u ovalados se combinan con una cantidad media alargada, luego el cabello adquiere un rico tono marrón rojizo. Si los gránulos redondos se combinan con muchos alargados, la negrura casi oculta el color rojo, aunque todavía le da un ligero tinte rojo al cabello, que lo distingue del completamente negro.

Capítulo 2
Pérdida del cabello

La caída del cabello es un proceso fisiológico que se produce como consecuencia del crecimiento y renovación de las células de la piel y sus anejos. La norma es de 60 a 100 cabellos perdidos por día. Los animales también experimentan una pérdida masiva de pelo estacional asociada con la muda.

La pérdida de cabello en exceso de esta cantidad indica una enfermedad del cabello: alopecia, incluso en animales. La alopecia es una pérdida progresiva del cabello que conduce a la calvicie de la cabeza u otras áreas pilosas de la piel.

Por prevalencia:

- Total o atrichia: pérdida y ausencia de cabello en la cabeza (incluyendo cejas y pestañas) e incluso en todo el cuerpo.

- Difusa o hipotriquia: adelgazamiento del cabello en toda la cabeza o el cuerpo, que incluye: síndrome de Unn, alopecia anágena, alopecia telógena, con liquen de *asbesto.*

- Focal o anidado: la aparición de focos de ausencia total de cabello, que incluyen: alopecia fibrosa frontal, alopecia triangular temporal, ofiasis (alopecia areata).

- Cicatrización del folículo piloso: el pelo no crece en la piel de las cicatrices.

- Sin cicatrices: por ejemplo: prematura (presenil, androgénica) - calvicie de patrón masculino del cuero cabelludo, asociada con el nivel de hormonas sexuales masculinas en la sangre.

- Alopecia por tracción (manipulación, enfermedad del samurái): generalmente causada por el uso de ciertos peinados que tiran del cabello.

Los diferentes tipos de alopecia afectan tanto a hombres como a mujeres. En la mayoría de los casos, los hombres sufren de alopecia androgenética y las mujeres, alopecia difusa. De los métodos más efectivos para el tratamiento de la alopecia androgenética, se distinguen la radiación láser de baja intensidad y el trasplante del propio cabello. La alopecia difusa es susceptible de tratamiento médico.

Además, la pérdida de cabello puede ser un síntoma de ciertas enfermedades, por ejemplo, sífilis, tiña, tricotilomanía, progeria, mixedema cutáneo, enfermedad de Fox -Fordyce, síndrome de Sjögren-Larsen, etc. Pérdida de cabello focal (aparece en la cabeza como serían "islas" redondeadas - puntos calvos) es típico de la enfermedad por radiación.

Caída del cabello

Hasta cierto punto, la caída del cabello es un evento absolutamente fisiológico.

A grandes rasgos, se considera normal la pérdida de 40-120 cabellos al día, en función del número de folículos pilosos aún activos y de su ciclo de crecimiento.

Las personas con pelo fino, por ejemplo, suelen tener más bulbos que otras con tallos más gruesos; como resultado, también pierden más cabello en términos absolutos.

De hecho, la cantidad de cabellos que se caen en un día puede variar mucho de un individuo a otro, dependiendo de una serie de factores, como:

• Género (los hombres generalmente pierden más cabello que las mujeres en el día).
• Cantidad de cabello - por lo tanto, de bulbos - presente en el cuero cabelludo.
• Estado de salud general del paciente (como se explica en el siguiente párrafo, de hecho, algunas patologías pueden promover la caída del cabello).
• Deficiencias nutricionales.
• Tipos de productos para el cuidado del cabello utilizados (el uso de productos demasiado agresivos, de hecho, además de dañar el cuero cabelludo también podría promover la caída del cabello).

¿Cuáles son las causas y los factores predisponentes de la caída del cabello?

Aunque la pérdida de cabello -dentro de ciertos límites- se considera un fenómeno normal, existen condiciones en las que el cabello se cae de manera notoria. Este es el caso de: el estrés, las dietas drásticas, el abuso del alcohol, la toma de ciertos medicamentos, la cirugía, en primavera y en particular en el período otoñal.

La pérdida excesiva de cabello también puede acompañar a varias condiciones patológicas (enfermedad de la tiroides, quemaduras solares, anemia por deficiencia de hierro, desnutrición, trauma físico, caquexia, fiebre alta y estrés psicofísico).

Todas estas condiciones se manifiestan clínicamente con un aumento de la caída diaria del cabello.

Sin embargo, la principal causa de la calvicie sigue siendo la alopecia androgenética, aunque por lo general es un proceso muy lento y progresivo.

Efluvio telógeno

A diferencia de los animales, los folículos humanos sanos tienen ciclos de vida independientes, con fases de crecimiento y reposo desfasadas respecto a las de los bulbos adyacentes; por ello no somos conscientes del continuo proceso de renovación de nuestro cabello.

Cuando se imponen algunas de las condiciones enumeradas anteriormente, y en general un estrés psicofísico violento, los folículos pilosos son inducidos a pasar en masa de la fase anágena (crecimiento) a la fase catágena (involución), con prolongación del período de descanso y caída (telógeno). Así se produce una pérdida de cabello, numéricamente muy elevada y cualitativamente homogénea, denominada "efluvio telógeno" o "efluvio".

Las consecuencias pueden ser especialmente alarmantes: decenas y decenas de cabellos que se acumulan sobre la almohada o se quedan en sus manos y en la toalla con la que usa para secarse.

A diferencia de la alopecia androgenética, en el efluvio telógeno, la pérdida de cabello se difunde por todo el cuero cabelludo, incluidos los lados y la parte posterior de la cabeza. Afortunadamente, en la mayoría de los casos en los que faltan predisposiciones genéticas desfavorables, se produce un rebrote posterior y casi completo.

De los 100 cabellos que normalmente se pierden cada día -de los más de 100.000 presentes de media en el cuero cabelludo- cerca del 10% se encuentran en fase telógena (reposo); cuando se produce efluvio este porcentaje sube al 30%.

Hay dos tipos de efluvio telógeno: el tipo agudo y el tipo crónico:

El efluvio telógeno agudo se caracteriza por una pérdida de cabello repentina y notoria y encuentra su principal causa en situaciones de estrés especialmente intenso, pero de corta duración (como puede ocurrir, por ejemplo, en caso de accidente o duelo). Estas condiciones, de hecho, provocarían una detención de la división celular que lleva al cabello de una fase de crecimiento anágena a una fase telógena. Este tipo de efluvio suele durar dos o tres meses y suele desaparecer de forma espontánea.

El efluvio telógeno crónico, por su parte, puede desencadenarse por causas de diferente origen y naturaleza, como, por ejemplo, trastornos de ansiedad, carencias nutricionales, ingesta de fármacos, presencia de determinados tipos de patologías, trastornos endocrinos, etc. Esta forma de efluvio puede durar meses y a veces años y no se resuelve espontáneamente como ocurre con la forma aguda. Por tanto, con el paso del tiempo, el paciente se encontrará con una cantidad cada vez menor de pelo que tenderá a disminuir aún más con el paso del tiempo.

Efluvio de Anageno

Por otro lado, también existe un efluvio anágeno, en el que la caída especialmente marcada implica cabellos aún en fase de crecimiento. El fenómeno se manifiesta a los pocos días de la causa desencadenante, mientras que en la caída por efluvio telógeno el factor causal puede preceder a la caída del cabello incluso unos meses.

Como se mencionó, alrededor de 40-120 pérdidas de cabello por día se considera un fenómeno normal que forma parte del ciclo natural de crecimiento del cabello.

Cuando la cantidad de cabello que se cae diariamente se vuelve excesiva, entonces es hora de preocuparse y es necesaria la consulta con un médico especialista en esta área (el tricólogo).

En primer lugar, el médico deberá establecer la causa de la caída notoria del cabello para proceder con el tratamiento más adecuado en cada caso.

En el caso del efluvio telógeno agudo, el tratamiento más efectivo es eliminar la causa que lo provocó; por tanto, es necesario actuar sobre el estrés que dio lugar a todo y esperar a que el efluvio se resuelva espontáneamente.

Sin embargo, en el caso de efluvio telógeno crónico, el tricólogo puede decidir recurrir al uso tópico de corticoides.

Si la caída del cabello se debe a otras causas (alopecia androgenética, alopecia areata, etc.), será responsabilidad del médico diagnosticarlas y prescribir la terapia adecuada al paciente.

Alopecía androgenética

La alopecia androgenética es la principal causa del adelgazamiento progresivo del cuero cabelludo.

A lo largo de la vida afecta a alrededor del 80% de la población masculina y al 50% de la femenina. La extensión de la alopecia androgenética es por lo tanto tal que justifica el nombre de "calvicie común" y puede considerarse, dentro de ciertos límites, una condición absolutamente fisiológica.

Aunque no es una enfermedad real, la alopecia androgenética suele vivirse como un malestar profundo, con repercusiones negativas a nivel psicológico y social.

Causas

La mayor frecuencia de la alopecia androgenética en hombres en comparación con mujeres se debe a su doble origen, subrayado por los términos "andro" y "genética". De hecho, por un lado, es necesaria la presencia de andrógenos, típicamente masculinos, mientras que, por otro lado, se requiere una predisposición genética de los folículos pilosos para sufrir estímulos involutivos.

No en vano, ya en el siglo IV a.C. Aristóteles señaló que ni los eunucos (varones castrados) ni los niños se veían afectados por la calvicie, sintiendo una correlación entre la secreción de hormonas masculinas y la caída del cabello.

Estas hipótesis fueron confirmadas por Hamilton en 1940. Por ello, la calvicie ha sido y sigue siendo erróneamente relacionada con un mayor grado de virilidad y potencia sexual.

Sin embargo, en la alopecia androgenética los niveles de testosterona (la hormona sexual masculina por excelencia) no están necesariamente elevados; a menudo hay una disminución en la cuota total y un aumento en la fracción libre. Aún más relevantes son los valores de su derivado andrógeno más potente, la dihidrotestosterona; esta hormona también se forma en los folículos pilosos a partir del precursor testosterona, gracias a la intervención de una enzima llamada 5-alfa-reductasa tipo 2.

Consecuencias

Como resultado de la dihidrotestosterona, el cabello se vuelve más corto y delgado, hasta que no puede cubrir adecuadamente el cuero cabelludo; esto se debe a que la fase anágena (de crecimiento) se reduce progresivamente a favor de la de involución (catágena) y reposo (telógeno).

Además, los folículos asumen ciclos de crecimiento cada vez más sincronizados, como los del pelaje de un animal: por ello también se elevan las posibilidades de efluvio telógeno (pérdida de cabello numéricamente muy elevada y cualitativamente homogénea). En una etapa avanzada, debido a la preservación típica de la nuca y las sienes (zonas independientes de hormonas), la alopecia androgenética determina la llamada calvicie de "coronilla".

Es de estas áreas de donde eventualmente se tomará el cabello necesario para el "famoso" trasplante de cabello.

Otras causas

Además del aumento de la actividad de la 5α-reductasa folicular, la alopecia androgenética puede deberse a un aumento en el número o la afinidad de los receptores de andrógenos, una disminución de SHGB (proteínas transportadoras de andrógenos en sangre) o una disminución de la aromatasa folicular (enzimas que convierten la testosterona en estrógeno, con un efecto fortificante sobre el cabello).

Cuanto mayores sean las concentraciones de la enzima 5-alfa-reductasa tipo 2, mayores son las posibilidades de miniaturización. Durante estudios experimentales se pudo observar una mayor actividad de esta enzima en hombres que en mujeres y, en ambos sexos, en la región frontal en comparación con la occipital. Por otro lado, aún se desconocen los genes que predisponen a la calvicie; por esta razón, la alopecia androgenética se considera una enfermedad poligénica, que es causada por muchos genes diferentes. Por ejemplo, el gen del receptor de andrógenos se encuentra en el cromosoma X y, por lo tanto, se hereda en el varón del lado materno; se ha visto claramente que un polimorfismo particular de este gen predispone a una aparición temprana de alopecia androgenética. Recientemente se han descubierto otros genes y la investigación en este campo sigue siendo especialmente activa.

Por ahora, debemos limitarnos a considerar que las posibilidades de desarrollar una verdadera alopecia androgenética están relacionadas con el número de familiares de primer o segundo grado que se vean afectados por esta condición; obviamente estamos hablando de probabilidades y no de certezas absolutas.

Signos y síntomas

Las manifestaciones clínicas de la alopecia androgenética son diferentes en los dos sexos. En los hombres, la enfermedad provoca un adelgazamiento progresivo de la zona frontotemporal (la llamada entrada del cabello) y del vértice, mientras que en las mujeres la "pérdida de cabello" respeta las sienes y afecta principalmente al vértice y la región frontal, justo detrás de la línea del cabello. El término pérdida del cabello ha sido marcado entre comillas ya que la alopecia androgenética no provoca una verdadera caída, sino una progresiva miniaturización del cabello hasta hacerlo invisible a simple vista. Si examinamos con una lupa el cuero cabelludo de un sujeto con alopecia androgénica avanzada, podemos ver que las zonas aparentemente sin pelo (zonas calvas para ser claros) en realidad están cubiertas por un pelo fino.

A menudo, la alopecia androgenética se acompaña de seborrea y descamación furfurácea; sin embargo, estas condiciones no siempre están asociadas.

Tratamientos efectivos

La alopecia androgenética, también llamada calvicie androgenética, se puede contrarrestar mediante el uso de fármacos específicos.

Actualmente, solo dos medicamentos han sido aprobados por la FDA para tratar esta afección. El primero, minoxidil, se utiliza de forma tópica, es más eficaz en la zona del vértice y tiene un mecanismo de acción aún poco claro. El segundo, llamado finasterida, se toma por vía oral y combate la alopecia androgenética al impedir la acción de la enzima 5-alfa-reductasa tipo 2.

En ambos casos, el tratamiento no puede resultar eficaz antes de un determinado intervalo de tiempo (normalmente tarda al menos 3-6 meses). Estos fármacos tienen cierta eficacia cuando la calvicie androgénica aún se encuentra en una etapa intermedia; en una fase avanzada es posible intervenir con éxito solo mediante la redistribución quirúrgica de los bulbos pilosos (trasplante de cabello) o mediante técnicas alternativas de engrosamiento, posiblemente patentadas y certificadas por empresas que operan en el sector desde hace muchos años.

Medicamentos

Como se mencionó, la alopecia androgenética no se considera una enfermedad real. Sin embargo, las personas que la padecen pueden sentirse incómodas y esto puede afectar negativamente su calidad de vida.

Afortunadamente, existen algunos medicamentos, tanto tópicos como orales, que pueden usarse con éxito en el tratamiento de la alopecia androgenética.

Estos medicamentos pueden ser útiles tanto para reducir la caída del cabello como para promover el crecimiento del cabello.

Sin embargo, los resultados en términos de rebrote son limitados; en consecuencia, la alopecia severa solo puede resolverse con el uso de trasplante de cabello o con la aplicación de prótesis.

Los siguientes son los fármacos más utilizados en la terapia contra la alopecia androgenética y algunos ejemplos de especialidades farmacológicas; corresponde al médico elegir el principio activo y la dosis más adecuada para el paciente, en función de la gravedad de la enfermedad, el estado de salud del paciente y su respuesta al tratamiento:

- **Finasterida**

La finasterida (Propecia®, Folians®, Pilus®) es un fármaco inhibidor de la enzima 5-alfa-reductasa tipo II, es decir, inhibe la enzima encargada de convertir la testosterona en dihidrotestosterona. Con la inhibición de esta enzima a nivel de los folículos pilosos, los niveles de dihidrotestosterona, la hormona andrógena responsable de la miniaturización de los propios bulbos pilosos, se reducen en consecuencia. Finasteride está disponible para administración oral en forma de tabletas.

En el tratamiento de la alopecia androgenética, la dosis de fármaco que se suele utilizar es de 1 mg al día, ya sea con el estómago lleno o con el estómago vacío.

- **Minoxidil**

Cuando se usa tópicamente, el minoxidil es capaz de promover el crecimiento del cabello, pero el mecanismo por el cual esto ocurre aún no se ha entendido completamente.

Por ello, minoxidil (Aloxidil ®, Carexidil ®) está disponible en formulaciones farmacéuticas de uso cutáneo con indicaciones terapéuticas específicas para el tratamiento sintomático de la alopecia androgenética.

Generalmente, se recomienda aplicar el producto a base de minoxidil directamente sobre la zona afectada dos veces al día, durante un período mínimo de 3-4 meses.

En cualquier caso, es necesario seguir siempre las instrucciones proporcionadas por el médico, tanto en lo que se refiere a la frecuencia de administración como a la duración del tratamiento.

También hay que recordar que el tratamiento con minoxidil no debe interrumpirse de forma brusca, ya que existe el riesgo de deshacer los progresos realizados y volver a la situación previa al tratamiento en unos meses.

Alopecía areata

La alopecia areata es una enfermedad que provoca la pérdida repentina e irregular del cabello en una o más áreas pequeñas del cuero cabelludo. Estas lesiones aparecen redondeadas, bien delimitadas y completamente desprovistas de pelo. En los bordes de estas áreas, el cabello es corto.

La causa de la alopecia areata aún se desconoce, pero se cree que el origen es autoinmune, por lo que es probable que un desencadenante (aún desconocido) cause por error una reacción inmunitaria contra el folículo piloso, impidiendo que produzca cabello. En la práctica, la fase anágena, es decir, el crecimiento del cabello, se interrumpe bruscamente.

La evolución de la alopecia areata es muy variable: en algunos casos remite de forma espontánea y sin consecuencias, mientras que en otros recurre de forma cíclica.

¿Qué es la alopecia areata?

La alopecia areata es un trastorno caracterizado por la pérdida repentina de en áreas confinadas, en sujetos sin ninguna patología cutánea o sistémica evidente.

La alopecia areata es una forma de alopecia que no deja cicatrices, por lo que el folículo piloso no se daña irreparablemente por el proceso patológico y se reemplaza por tejido fibroso. Además, la enfermedad nunca provoca atrofia o reducción de los folículos. En cualquier momento, bajo el efecto de terapias o de forma espontánea, el cabello caído puede volver a crecer.

Causas

Actualmente, se cree que la alopecia areata es una enfermedad autoinmune y, por tanto, estarían implicados autoanticuerpos que atacan la estructura folicular, reconociéndola como extraña.

Los autoanticuerpos actúan sobre el folículo en fase anágena, que reacciona pasando rápidamente a la fase telógena, como protección, ya que en esta fase los autoanticuerpos no lo atacan. El fenómeno se repite cuando el folículo se enfrenta a una nueva fase anágena.

El cabello logra así desarrollarse solo unos pocos milímetros, y luego vuelve a caer. Cuando se elimina la causa desencadenante, el proceso puede detenerse y el cabello vuelve a crecer.

¿Por qué la caída del cabello es irregular?

La caída se produce por parches en zonas particulares donde el pelo es más susceptible que los demás. Teniendo en cuenta que esta particular sensibilidad depende del grado de reproducción de las células de la matriz (actividad mitótica), si el cabello ya se encuentra en fase catágena o telógena, no se ve afectado por el proceso patológico.

Factores predisponentes y/o agravantes

La alopecia areata tiende a ocurrir como resultado de condiciones estresantes severas. Además, se ha descubierto que la alopecia areata afecta a personas genéticamente predispuestas susceptibles a factores desencadenantes aún no completamente conocidos, como infecciones, disfunción endocrina y desnutrición.

En cualquier caso, la alopecia areata no es contagiosa.

Alopecia Areata: ¿Qué tan común es? ¿Quién está más en riesgo?

La alopecia areata se encuentra con frecuencia: se estima que 2 de cada 100 personas experimentan un episodio de esta enfermedad a lo largo de su vida.

La alopecia areata afecta por igual a hombres y mujeres y puede presentarse a cualquier edad, pero se pueden destacar dos picos de frecuencia: antes de la pubertad y entre los 20 y los 40 años.

Además, existe una predisposición hereditaria a la alopecia areata, que suele afectar a varias personas de una misma familia.

¿Cómo se manifiesta?

La alopecia areata comienza con la aparición de una o varias placas sin pelo y lisas, debido a la caída brusca del cabello, que han detenido repentinamente su fase anágena. Estas lesiones son en su mayoría de forma redonda y varían en tamaño (desde unos pocos milímetros hasta varios centímetros).

En los bordes de las placas puede haber cabello con apariencia similar a los signos de exclamación, es decir, corto (a unos 2-4 mm del ostium folicular) y quebrado, con diámetro y color que se reducen proximalmente.

En las formas más graves, sin embargo, el "pelo cadavérico" está presente en las áreas periféricas de las lesiones, es decir, truncado como si la piel acabara de afeitarse.

Por lo general, los parches asociados con la alopecia areata son asintomáticos; a veces, sin embargo, el cuero cabelludo y la superficie de las zonas están ligeramente eritematosas, edematosas y con comezón. Además, no es infrecuente la presencia concomitante de descamación y caspa, que solo puede encontrarse sobre la lesión.

En ocasiones, se producen cambios en la matriz ungueal, como picaduras, grietas o traquioniquia (caracterizadas por uñas arrugadas). A menudo, la alopecia areata experimenta una remisión espontánea y nunca provoca la destrucción definitiva de los folículos pilosos, pero en alrededor del 10-30% de los casos, la enfermedad puede evolucionar hacia formas crónicas/recidivantes más extensas.

En cualquier caso, la enfermedad puede tener un impacto devastador en la calidad de vida de los pacientes.

Partes del cuerpo afectadas por la alopecia areata

La alopecia areata afecta generalmente al cuero cabelludo y la barba, pero puede afectar a cualquier parte del cuerpo cubierta de pelo: cara, brazos, piernas, tronco.
En raras ocasiones, todo el cuero cabelludo está afectado (alopecia total) o incluso toda la superficie del cuerpo (alopecia universal).

Curso de Alopecia Areata: ¿Cómo puede evolucionar?

El curso de la alopecia areata es muy variable, es decir, no es posible predecir su evolución. En algunos casos, la enfermedad se cura espontáneamente en unos pocos meses, luego hay un crecimiento normal del cabello en un año; en otros, sin embargo, el curso es recidivante, es decir, a una primera recuperación puede seguir una nueva manifestación de la anomalía y, a menudo, los episodios son más graves que el inicial.

Los factores de riesgo de cronicidad son la edad de aparición de las primeras manifestaciones (la enfermedad es más agresiva en sujetos jóvenes), la atopia y la afectación de la periferia del cuero cabelludo.

En caso de resolución positiva, aparece primero un vello fino en la zona, destinado a ser sustituido por un vello más grueso, pero casi siempre blanco.

En la alopecia areata, los folículos siguen siendo vitales e, incluso en las formas más graves, a veces puede volver a crecer sin ningún tratamiento.

Alopecia areata: ¿cuándo ver a su médico?

En presencia de un adelgazamiento significativo o particularmente prolongado (más de 4 semanas) del cabello, el consejo siempre válido es contactar a su médico o dermatólogo de referencia, para identificar la causa de la caída del cabello. Solo con una imagen muy precisa, de hecho, es posible elegir la terapia más específica.

Alopecia areata: ¿cómo se diagnostica?

En la mayoría de los pacientes, el diagnóstico se establece sobre la base del cuadro clínico, comenzando con una historia clínica completa.

En ocasiones, sin embargo, además de la inspección, pueden estar indicados exámenes más específicos del cuero cabelludo y del cabello, como un simple Pull test (en distintas zonas del cuero cabelludo, el dermatólogo ejerce una ligera tracción con la mano). En áreas perilesionales, esto permite evaluar la actividad y la tendencia a la extensión de la patología.
La evaluación médica también puede prever el examen microscópico de los cabellos (dermatoscopia) y el tricograma: es importante, de hecho, examinar los cabellos que caen bajo el microscopio y en qué fase de crecimiento se encuentran (telógeno, anágeno), como un aumento de la caída del cabello puede ser síntoma de muchas enfermedades, con causas y respuestas a los tratamientos muy diferentes.

En raros casos dudosos, se puede requerir una biopsia del cuero cabelludo para establecer un diagnóstico definitivo.

Tratamiento

Los tratamientos para tratar la alopecia areata son de varios tipos y los indica el médico en función de la edad, la gravedad y la fase aguda o crónica de la enfermedad.

En términos generales, los tratamientos disponibles son capaces de inducir el crecimiento del cabello, pero no curan la enfermedad de forma permanente. El tratamiento de la alopecia areata debe continuarse durante 8-12 meses antes de que se considere ineficaz.

Terapias disponibles para la Alopecia Areata

El primer enfoque farmacológico a reportar involucra la ingesta general, local y/o intralesional de cortisona. Este tratamiento puede ser beneficioso, pero muchas veces no está indicado para niños y jóvenes que aún están en desarrollo.

Los corticosteroides sistémicos en dosis altas y por un tiempo corto son efectivos en la alopecia areata aguda. Desafortunadamente, sin embargo, estos medicamentos pueden causar numerosos efectos secundarios, como aumento de la presión arterial, osteoporosis e irregularidades menstruales. Las inyecciones intralesionales de cortisona son útiles cuando existen pocos parches de alopecia; los resultados obtenidos son buenos (90% de rebrote), aunque son frecuentes las recaídas. Un posible efecto secundario de esta terapia es la atrofia de la piel, más frecuente si las inyecciones se realizan demasiado superficialmente. En cuanto a los corticoides tópicos, es necesario utilizar cortisona de alta potencia en oclusión, eficaz incluso en formas severas.

Otro enfoque es el uso de la inmunoterapia tópica: este tratamiento se lleva a cabo mediante la aplicación de lociones en el cuero cabelludo que contienen sustancias capaces de inducir una leve dermatitis alérgica de contacto en el cuero cabelludo con el fin de "distraer" las defensas inmunitarias del folículo. La inmunoterapia tópica es capaz de determinar el crecimiento del cabello con mecanismos aún desconocidos; esta cirugía generalmente se reserva para pacientes resistentes a otras terapias. Los efectos secundarios pueden ser: reacción local demasiado intensa, urticaria, linfadenopatía regional y acromias.

Las diversas opciones terapéuticas para la alopecia areata también incluyen el uso tópico de minoxidil y la terapia con láser. Este último tiene la particularidad de facilitar la vascularización de los folículos pilosos, favoreciendo el rebrote de cabellos más sanos y robustos. Por otro lado, en ocasiones se recomienda la fototerapia para el tratamiento de la alopecia total y universal.

Medicamentos para el tratamiento de la alopecia areata

Comencemos diciendo que no siempre es necesario el tratamiento farmacológico para contrarrestar la alopecia areata. En algunos casos, de hecho, el cabello perdido o el cabello puede volver a crecer espontáneamente.

En otros casos, sin embargo, el médico puede decidir recurrir a la administración de fármacos.

El médico especialista decidirá, caso por caso, si y cómo administrar fármacos para el tratamiento de la alopecia areata. Por tanto, se recomienda seguir sus instrucciones y, ante cualquier duda, ponerse en contacto con él.

• Corticosteroides

En el tratamiento de la alopecia areata, el médico puede decidir prescribir la administración de corticoides de uso tópico.

Entre los principios activos que se pueden utilizar en este sentido encontramos la betametasona. Está disponible en diferentes formulaciones para uso en la piel, incluyendo cremas, emulsiones o soluciones y ungüentos para la piel.

La administración de corticoides por vía oral o mediante inyecciones intralesionales puede ser útil en algunos casos, pero se deben tener en cuenta los posibles efectos secundarios asociados, algunos de los cuales son bastante importantes.

Por tanto, el médico evaluará si y cómo intervenir farmacológicamente con el uso de estos fármacos.

• Minoxidil

Minoxidil es un medicamento que, cuando se toma por vía oral, tiene fuertes propiedades antihipertensivas, pero, cuando se usa en formulaciones tópicas, estimula el cabello y el crecimiento del cabello.

El mecanismo de acción con el que minoxidil lleva a cabo esta actividad aún no se conoce del todo, pero -precisamente por estas propiedades- se utiliza en el tratamiento sintomático de la alopecia areata, así como en el tratamiento sintomático de la alopecia androgenética.

Para la correcta utilización de este principio activo y de los fármacos o productos que lo contienen, es recomendable seguir las instrucciones que figuran en el envase o en el prospecto y, por supuesto, las instrucciones recibidas del médico.

• **Inmunosupresores**

En los casos más graves de alopecia areata se podrían utilizar fármacos inmunosupresores si el médico lo considera necesario. Gracias a su actividad, de hecho, estos medicamentos pueden reducir el ataque del sistema inmunitario contra los folículos pilosos.

Sin embargo, incluso en este caso, el médico deberá considerar las posibles implicaciones de la terapia con medicamentos inmunosupresores.

Otros tratamientos

Otros enfoques propuestos para el tratamiento de la alopecia areata consisten en:

• Inmunoterapia tópica.

•	Terapia fotodinámica: La terapia fotodinámica es una técnica innovadora utilizada con éxito en el tratamiento de enfermedades y trastornos de la piel de diversos orígenes y naturaleza. La terapia fotodinámica también se conoce como PDT (acrónimo en inglés de Photo Dynamic Theraphy) y utiliza sustancias particulares, llamadas fotosensibilizadores, que, para realizar su función, deben ser activadas por una fuente de luz. Como consecuencia de esta activación se establece una reacción fotodinámica que destruye selectivamente las células malignas.

•	Tratamiento con plasma rico en plaquetas o PRP.

•	PRP - Plasma Rico en Plaquetas es un producto derivado de la sangre caracterizado por una fuerte concentración de factores de crecimiento. El Plasma Rico en Plaquetas, término inglés del que deriva el acrónimo PRP, se utiliza con fines terapéuticos, debido a su peculiar capacidad para estimular y facilitar la regeneración tisular, en diversos campos médicos que van desde la ortopedia hasta la cirugía plástica.

Capítulo 3
Champú contra la caída

El champú anticaída es un producto cosmético que apoya las estrategias desarrolladas para limitar o detener la caída del cabello. Aunque no tiene el poder de bloquear la caída excesiva del cabello, el champú anticaída contribuye a la resolución del problema potenciando el efecto de los principios activos presentes en los tratamientos cosméticos o farmacológicos indicados por el médico.

Baste decir que los detergentes y los productos tópicos de tratamiento anticaída del cabello (como sueros y lociones) para usar en combinación están cada vez más disponibles en el mercado: el champú recuerda en su fórmula las sustancias funcionales que caracterizan los tratamientos reales y "prepara el cuero cabelludo para los siguientes pasos

Caída del cabello: identikit del problema

La caída del cabello es un problema que afecta a muchas personas. Cuando se prolonga en el tiempo, este fenómeno puede conducir al evidente adelgazamiento del follaje, además de generar graves repercusiones psicológicas. Los motivos que pueden conducir a la caída del cabello son numerosos: predisposición genética, estado general de salud, disfunciones hormonales, estrés psicofísico, hábitos de higiene incorrectos, dietas drásticas, traumatismos mecánicos que sufre el cabello, etc. En cualquier caso, se configuran un conjunto de situaciones que no son positivas para el bienestar del cabello.

Para qué sirve

El champú anticaída es un limpiador que, a pesar de estar formulado para la higiene del cabello y el cuero cabelludo, apoya los tratamientos para contrarrestar el adelgazamiento. Gracias a la presencia en la formulación de principios activos contra la caída del cabello, este producto cosmético-funcional ayuda a fortalecer y mejorar la vitalidad de la fibra capilar. El principal objetivo del champú anticaída es aportar los nutrientes esenciales para el bienestar del cabello.

Para contrarrestar la caída del cabello, se debe añadir a la fórmula activos específicos que actúen contra las principales causas de la caída del cabello, por lo que el champú puede actuar como:

•	Reactivador y/o estimulante de la microcirculación superficial del cuero cabelludo, mejorando la oxigenación y evitando la atrofia del sistema pilosebáceo.
•	Inhibidor de la enzima 5-alfa-reductasa, para contrarrestar las alteraciones del folículo provocadas por la dihidrotestosterona (DHT), principal hormona implicada en la etiología de la alopecia.
•	Activador de genes implicados en el mecanismo de reparación del tejido córneo, en particular de queratinocitos y moléculas de adhesión (laminina-5 y colágeno).

Además, el champú anticaída representa un excelente aliado para devolver densidad y consistencia a un cabello debilitado por circunstancias puntuales y limitadas (p. ej. periodos de especial estrés, cambios de estación, etc.).

Champú anticaída: indicaciones y métodos de acción

El champú anticaída es una valiosa ayuda en el tratamiento de la pérdida del cabello, especialmente si su acción se potencia y complementa con viales o sueros sin aclarado, medicamentos, tratamientos médicos o de otro tipo. La combinación de estas estrategias permite, de hecho, una intervención decisiva y dirigida contra el adelgazamiento del follaje.

Claramente, debido a las limitaciones cosméticas de un champú, incluso el mejor producto de esta categoría no puede detener por completo la caída excesiva del pelo, pero puede ayudar a frenar su curso y, si se usa con la frecuencia adecuada, puede ayudar a fortalecer el cabello fino dañado. Para garantizar una acción anticaída, el champú debe:

• Mantener el cabello y el cuero cabelludo en buen estado: los champús anticaída mejoran el cuerpo del cabello y protegen los tallos de los agentes externos agresivos que podrían contribuir a su caída.
• Elimina la suciedad y partículas contaminantes del cabello.
• Prolongar la vida del cabello, aumentando el aporte de nutrientes, vitaminas y oligoelementos a nivel del folículo pilo-sebáceo.

•	Preparar el cuero cabelludo para hacerlo más receptivo a los tratamientos anticaída después de la limpieza.

•	Reducir localmente la producción de metabolitos de testosterona (como la hormona dihidrotestosterona, DHT).

Ingredientes básicos del Champú Anticaída

Desde el punto de vista de la formulación, incluso el champú anticaída tiene una base lavante, es decir, una mezcla de tensioactivos (o agentes humectantes) con propiedades detergentes. Su función es eliminar la suciedad y el exceso de grasa presente en el cuero cabelludo y el cabello respetando la fisiología normal del cuero cabelludo. Además de los tensioactivos, en el champú encontramos agentes espumantes, emulsionantes, conservantes, espesantes, alcalinizantes o acidificantes del pH, perfumes y colorantes. Este conjunto de ingredientes:

•	Permite una distribución más fácil.
•	Asegura una cierta consistencia y estabilidad.
•	Mejora la tolerabilidad del producto.

Los champús anticaída contienen principios activos específicos que hacen que estos productos cosméticos sean adecuados para combatir la caída del cabello y hacer más eficaces otros tratamientos de aplicación tópica. Las principales sustancias funcionales utilizadas en la formulación incluyen:

•	Extractos de plantas, tales como: Ortiga (Urtica dioica) y Té verde (Camelia sinensis): son extractos ricos en antioxidantes y pueden ejercer una actividad antiandrogénica a nivel local debido a la presencia de sustancias inhibidoras de la enzima 5-alfa-reductasa, responsable de la transformación de testosterona en dihidrotestosterona, implicada en la etiología de la alopecia androgenética.

• Saw Palmetto (palmito salvaje): puede limitar la producción local de DHT, contrarrestando sus efectos y tiene una acción antiinflamatoria sobre los tejidos implicados en la caída del cabello.

• Las palmeras enanas (Serenoa repens), son capaces de ejercer una acción inhibitoria frente a la enzima 5-alfa-reductasa.

• Aminoácidos y vitaminas (por ejemplo, B6, biotina, PP y provitamina B5).

• Minerales y oligoelementos (como zinc, magnesio, hierro y cobre).

• Complejos moleculares energizantes o rubefacientes (es decir, capaces de inducir vasodilatación local).

Otros ingredientes que pueden mejorar aún más el rendimiento del champú anticaída son: ácido alfa linolénico y ácido azelaico (inhibidores de la enzima 5-alfa-reductasa); pantenol, proteína de trigo y soya (nutrientes); jalea real y linaza (reestructurante); manteca de karité y aceite de argán (protector).

Como elegirlo

El champú anticaída es un producto específico, que debe elegirse en función de sus necesidades. En primer lugar, es necesario identificar las causas exactas del adelgazamiento. En este sentido, para enmarcar correctamente el problema, es recomendable contactar con un dermatólogo que podrá indicar el champú anticaída más adecuado para combatir el fenómeno o los principios activos a buscar en su formulación, también en función de si es transitorio o patológico.

Champú anticaída: ¿qué requisitos debe cumplir?

Para una compra segura y satisfactoria, hay algunas peculiaridades que se deben buscar en todo champú anticaída. En primer lugar, para garantizar una acción tratante, el producto debe mantener el cabello y el cuero cabelludo en buen estado, sin debilitarlos. La fórmula debe entonces respetar los valores de pH fisiológicos y la constitución del manto hidrolipídico, sin inducir alteraciones ni causar irritación.

Cómo utilizar

El champú anticaída debe aplicarse sobre el cabello masajeando el cuero cabelludo para estimular la microcirculación y favorecer la absorción de sustancias funcionales. El producto será así más eficaz.

El champú anticaída debe seguir utilizándose con moderación, teniendo cuidado de no exceder la cantidad del producto, para evitar "estresar" el cabello.

Cómo aplicar el Champú Anticaída

Los champús anticaída tienen métodos de aplicación específicos que siempre deben respetarse para maximizar su eficacia: el tiempo de permanencia en el cuero cabelludo, generalmente unos minutos, es importante para que los principios activos actúen. Por ello, antes de su uso, se aconseja leer atentamente la información del frasco o envase.

En general, para un uso correcto, es necesario humedecer el cabello, aplicar el champú anticaída y masajearlo suavemente. Después de dejar actuar el producto unos minutos, enjuagar abundantemente con agua tibia o casi fría.

Champú anticaída: ¿cuánto tiempo usarlo?

El champú anticaída se puede utilizar a diario en los periodos en los que la caída es más intensa, para intentar limitar el fenómeno, o hasta que no se controle el trastorno. Posteriormente, se debe reducir la frecuencia de uso, orientativamente a dos o tres aplicaciones por semana, alternando el producto anticaída con champús igualmente delicados. Esto permite mantener los beneficios del tratamiento durante mucho tiempo y prevenir, dentro de ciertos límites, la recurrencia del problema.

Contraindicaciones

No existen contraindicaciones particulares asociadas con el uso del champú anticaída. No obstante, es mejor recurrir a este limpiador siguiendo las instrucciones de uso indicadas por el fabricante.

El uso del champú anticaída del cabello no está indicado en los casos en que la caída del cabello esté relacionada con condiciones patológicas particulares como, por ejemplo, trastornos hormonales, disfunciones inmunitarias o problemas de tiroides. Tales situaciones deben manejarse con la ayuda de un médico o dermatólogo con experiencia en tricología.

Capítulo 4
El masaje capilar

El masaje capilar es una técnica que puede aportar numerosos beneficios, que al parecer ya se conocían en la antigüedad. Se dice, de hecho, que a Julio César, intolerante con su calvicie, además de disimularla con remanentes, le encantaba que le masajearan la cabeza con lociones de ortiga y guindilla, para intentar contrarrestar la caída del cabello.

De hecho, el masaje regular del cuero cabelludo es un hábito saludable para garantizar el máximo brillo del cabello, compatible con la situación psicofísica individual; es decir que -con los mismos factores de riesgo de la calvicie- quien se masajea el cabello con regularidad y de forma correcta puede al menos contribuir a retrasar la caída.

La justificación científica de este tratamiento radica en la hipótesis de que la calvicie también reconoce una etiología isquémica. Según esta teoría, la caída del cabello sería la expresión de un deficiente riego sanguíneo en el cuero cabelludo, con escasa vascularización de las "raíces" (bulbo y papila dérmica).

Beneficios

Como se mencionó, el masaje capilar podría ser una ayuda para combatir la calvicie. Masajear el cabello, especialmente con la ayuda de lociones, de hecho, ayuda a estimular la circulación sanguínea de la piel epicraneana al aumentar la cantidad de oxígeno y nutrientes disponibles para los bulbos. De ahí la utilidad de la masoterapia contra la caída del cabello.

Otro aspecto importante es que el masaje capilar puede favorecer y mejorar la penetración de los principios activos aplicados antes y/o después del propio masaje. Finalmente, el masaje hace que la galea capitis sea más elástica.

Aunque la etiología isquémica de la calvicie ha sido desacreditada hace mucho tiempo, si no completamente excluida, por trabajos científicos, la experiencia empírica sugiere que el masaje del cuero cabelludo puede ser eficaz para frenar la caída del cabello, incluso de manera significativa. Fundamental, en este sentido, es el apoyo de lociones adecuadas a tu tipo de cuero cabelludo (seco, graso o forfuráceo).

En resumen, los principales beneficios del masaje capilar son:

•	Mejora y reactiva la microcirculación en el cuero cabelludo.
•	Favorece la penetración de las sustancias activas y nutritivas aplicadas antes, después o durante el mismo masaje.
•	Puede contrarrestar la sequedad del cuero cabelludo, ya que estimula la producción de sebo (elemento que, en condiciones normales, ejerce una acción protectora sobre el propio cuero cabelludo).
•	Promover la relajación y, en consecuencia, disminuir el estrés acumulado (de hecho, las personas

con estilos de vida agitados y muy estresantes parecen estar más predispuestas a la caída del cabello).

Recomendaciones importantes

En caso de calvicie incipiente, marcada, repentina o en todo caso fuente de malestar personal, es recomendable derivar su caso a un dermatólogo con experiencia en el cuidado del cabello (tricología). Esperar detener una caída hormonal o volver a crecer el cabello con simples masajes en el cuero cabelludo es algo optimista. En este sentido, los remedios caseros corren el riesgo de perder solo tiempo y otros cabellos. Hoy en día existen soluciones farmacológicas eficaces para todo tipo de alopecia (medicamentos como finasteride y minoxidil en alopecia androgenética, Corticoides, Terapia fotodinámica y Láser en alopecia areata). En última instancia, también es posible recurrir al trasplante de cabello.

Técnica de masaje

En general, la técnica del masaje consiste en tocar todo el cuero cabelludo con la yema de los dedos, y luego masajear en sentido circular con la yema de los dedos realizando fricciones más o menos vigorosas. La presión, la duración y el ritmo del masaje deben ajustarse según el estado del cabello: si son sanos y fuertes, el masaje puede ser enérgico (pero no en exceso), mientras que, si son débiles y fáciles de caer, la presión será más más ligera y vibratoria.

Por lo general, se recomienda masajear el cabello desde la parte inferior de la cabeza hacia la parte superior y no al revés.

Generalmente, se recomienda masajear el cabello dos o tres veces por semana durante 5-10 minutos. Entusiasmarse excesivamente con esta técnica, masajear el cuero cabelludo en exceso, puede inducir un aumento de la producción de sebo por parte de este (aspecto deletéreo para la salud del cabello), lo que conduce a resultados contraproducentes. Por tanto, en sujetos con cabello graso, el masaje no debe ser demasiado vigoroso ni excesivamente prolongado en el tiempo.

Según algunos, también es importante la técnica de "separar" el cuero cabelludo, que se realiza tratando de separar el cuero cabelludo del hueso subyacente con la ayuda de las yemas de los dedos; esta práctica se ve reforzada por la denominada gimnasia facial, a través de la cual tratamos de estimular el reclutamiento de los músculos del pelaje utilizados para la motilidad del cuero cabelludo.

Finalmente, algunos prefieren masajear su cabello no con las manos, sino con la ayuda de cepillos de cerdas naturales. Este masaje se realiza colocando el cepillo en la parte superior de la cabeza y luego desplazándolo con movimientos suaves hacia la frente, las sienes y la base del cuello.

También existen en el mercado diferentes tipos de masajeadores eléctricos, especialmente diseñados para masajear el cabello.

¿Qué productos se pueden utilizar para el masaje capilar?

Los productos con los que es posible realizar el masaje capilar son realmente muchos. De hecho, va desde productos simples, como el aceite de oliva y de argán, hasta auténticos aceites capilares formulados con diferentes principios activos y nutritivos.

Además, el masaje capilar también se puede realizar con detergentes capilares o champús, durante el lavado normal.

Finalmente, ciertamente no hay escasez de productos herbales y naturales o lociones derivadas de la medicina popular.

Medicina Popular

A la luz de lo dicho hasta ahora, podemos decir que el masaje capilar es uno de los tratamientos más antiguos para dar fuerza y vigor al cabello, retrasando su caída. Igualmente, antigua es la búsqueda del remedio natural más adecuado a este fin, para ser aplicado sobre el cabello durante el masaje para favorecer su absorción.

Mucho antes de la aparición del minoxidil, la medicina popular seleccionó una larga lista de supuestos remedios anticaída del cabello, también tomados de la tricología moderna (que los utiliza principalmente en forma de aceites esenciales convenientemente diluidos). También en este caso, la búsqueda del remedio más adecuado depende de las características del paciente y de su cabello. Por ejemplo, el tratamiento de una persona con alopecia areata será completamente diferente al adecuado para un varón con alopecia androgenética o para una mujer durante la menopausia.

En cualquier caso, entre los ingredientes naturales más explotados por la medicina popular para combatir la caída del cabello, destacan sin duda la ortiga y el culantrillo.

La decocción de raíces de ortiga puede considerarse el remedio natural por excelencia contra la caída del cabello sobre una base androgenética; De hecho, la fitoterapia moderna ha confirmado que las raíces de ortiga ejercen una actividad antiandrogénica, bloqueando la enzima que convierte la testosterona en didrotestosterona (esta última muy implicada en la miniaturización progresiva de los folículos pilosos, seguida de la caída del cabello).

El otro ingrediente natural muy explotado por la medicina popular es el culantrillo, una planta medicinal presente a menudo en las recetas de lociones naturales contra la caída del cabello. Al mismo tiempo, en el pasado, la medicina popular involucraba el uso del culantrillo para revivir el color del cabello oscuro. Sin embargo, actualmente no hay confirmación de las supuestas propiedades anticaída atribuidas a esta planta.

Lociones de bricolaje

La medicina popular siempre ha utilizado plantas y productos naturales para el cuidado del cabello, con el fin de preservar su salud y combatir la caída del cabello.

A continuación, se presentan algunas recetas para la elaboración de lociones caseras (tomadas de la medicina tradicional) que involucran el uso de las mencionadas plantas de ortiga y culantrillo.

- **Loción de ortiga hágalo usted mismo**

Una receta popular sugiere utilizar 300 gramos de raíces de ortiga cosechadas en otoño, 15 gramos de romero (útil contra la piel impura y el cabello graso) y 20 gramos de pimientos. Se hierve durante unos diez minutos en una solución compuesta por un litro de agua y 400 gramos de vinagre, se filtra y se deja enfriar. Con la solución obtenida, lavar el cabello frotándolo antes de acostarse y aclarar con agua al día siguiente.

Una variante de la receta anterior sugiere utilizar 150 g de ortiga (raíces), 20 gramos de guindilla (frutos) y 20 gramos de romasrino (hojas). Hervir lentamente los ingredientes durante unos veinte minutos en medio litro de vinagre. Pasado este tiempo, dejar reposar durante 30 minutos y filtrar. Con la solución lava su cabello frotándolo antes de acostarse y enjuaga con agua al día siguiente.

- **Loción de bricolaje con helecho Maidenhair**

Existen muchas lociones a base de culantrillo ideadas y explotadas por la medicina popular para combatir la calvicie.

Uno de ellos consiste en colocar 100 gramos de helecho culantrillo (partes aéreas) en agua hirviendo; mantener hirviendo durante unos diez minutos, luego tapar y dejar reposar durante cinco minutos. Filtrar, dejar enfriar y utilizar para el último enjuague capilar con masaje capilar. Este remedio está indicado para eliminar la caspa y frenar la caída del cabello.

Capítulo 5
Trasplante capilar

El trasplante (o autotrasplante) de cabello es una técnica quirúrgica basada en la transferencia de pequeños fragmentos de piel -y bulbos pilosos relacionados- desde las zonas más gruesas de la cabeza a otras más finas. Estos son por lo tanto folículos vivos tomados del mismo paciente; en cambio, no es posible utilizar los bulbos de un donante, ni injertar los sintéticos. Afortunadamente, en la mayoría de las personas afectadas por la alopecia androgenética queda una "corona" de cabello en la región occipital y temporal, disponible para el trasplante ya que es resistente a la caída del cabello incluso en la vejez.

¿Por qué se hace?

El trasplante de cabello todavía representa una de las pocas soluciones disponibles en presencia de atrofia difusa de los bulbos pilosos, típica de quienes padecen alopecia androgenética.

Medicamentos como la finasterida y el minoxidil, junto con la gran variedad de cosméticos y suplementos diversos, pueden producir una cierta mejoría solo en presencia de folículos más o menos afectados, pero aún vitales.

Dado que los bulbos trasplantados mantienen el ciclo de vida típico de la región de colección - que recordamos que es genéticamente resistente a la alopecia - el trasplante de cabello puede considerarse un tratamiento definitivo, pero no del todo decisivo. De hecho, no es capaz de intervenir sobre las causas que han desencadenado la calvicie. Corresponderá, por tanto, al médico orientar a cada paciente hacia los tratamientos y terapias que mejor se adapten a cada caso concreto.

Técnicas de implantación

Las técnicas modernas de trasplante de cabello tienen sus orígenes a mediados de la década de 1950. Cicatrices llamativas y resultados manifiestamente antinaturales (el llamado efecto "mechón" o "muñeco") fueron las principales limitaciones de las primeras intervenciones.

Desde entonces, las técnicas quirúrgicas han experimentado una mejora constante, basada sobre todo en la reducción progresiva de las áreas de muestreo.

La cirugía más popular hasta hace unos años consistía en la extracción, de la zona occipital (nuca), de una tira de cuero cabelludo inmediatamente seccionada al microscopio y transferida en forma de microinjertos a la zona a engrosar. De esta forma, el trasplante de cabello garantizaba resultados estéticos bastante naturales, reducidos por las cicatrices en el sitio de muestreo y por los efectos indeseables en el sitio de implantación (dolor e hinchazón postoperatorio, pérdida de sensibilidad).

Para superar las limitaciones de este método, recientemente se han desarrollado nuevas técnicas de trasplante basadas en la extracción e injerto de bulbos individuales.

Hemos pasado así de la implantación de islas reales a los actuales mini y micro implantes que se realizan con la ayuda de bisturís especiales y que consisten, de hecho, en unidades foliculares individuales (UF) que pueden contener de uno a cuatro bulbos pilosos.

En detalle, esta técnica se llama FUE, siglas que significan "Extracción de Unidades Foliculares". Esta técnica ha evolucionado hasta llegar al trasplante capilar de alta densidad, definido como "Micro FUE" que utiliza pequeños instrumentos para que la técnica sea aún menos invasiva y sin dejar cicatrices.

También se presta más atención que en el pasado a la dirección del implante, que gracias al microinjerto se orienta para seguir la dirección natural del crecimiento y la disposición del cabello. El resultado obtenido es extremadamente natural y no se ve afectado por problemas postoperatorios pesados o cicatrices permanentes. Por ello, el trasplante capilar realizado por manos expertas representa, hoy más que nunca, una solución eficaz, mínimamente invasiva, discreta y más accesible que en el pasado.

Las mismas técnicas que se utilizan para el trasplante de cabello también se utilizan para corregir cicatrices en varias partes del cuerpo, áreas sin vello antiestéticas en la cara y en todas aquellas situaciones donde hay un adelgazamiento o una caída de las cejas.

La intervención

El trasplante capilar es una verdadera cirugía que, como tal, debe ser realizada única y exclusivamente por médicos especialistas en este sector.

La cirugía se realiza de forma ambulatoria, con anestesia local y, en ocasiones, con sedación. No es doloroso y gracias a las recientes técnicas de microinjerto los resultados suelen ser satisfactorios y los efectos secundarios son limitados.

La profesionalidad y experiencia de un cirujano estético titulado permite personalizar al máximo la intervención, cuya eficacia a nivel estético depende también de una cuidadosa visita prequirúrgica. La minuciosa precisión y meticulosidad en la ejecución son igualmente importantes para obtener un resultado final estéticamente bello (cuanto más pequeños sean los islotes tomados, mayor será el riesgo de dañar los folículos). La gran atención mediática sobre el trasplante capilar y toda la información positiva que circula al respecto no debe hacernos olvidar que no deja de ser una cirugía delicada, con todas las limitaciones del caso. Por lo tanto, no es necesario crear expectativas excesivas o poco realistas sobre el resultado final.

Duración

La duración de un trasplante de cabello depende del tamaño del área a engrosar. Si esta zona es en promedio grande, la intervención se realiza en una única sesión de unas 4 horas.

A veces se prefiere repetir la operación después de un período de tiempo que va desde algunas semanas hasta varios meses (dependiendo de la técnica quirúrgica adoptada) para cualquier engrosamiento adicional.

Resultados

Los resultados estéticos solo se pueden apreciar en su totalidad después de unos meses, ya que el cabello injertado es muy corto (2 milímetros) y necesita tiempo para crecer (1 centímetro por mes). Esto asegurará un cambio de imagen muy gradual a lo largo del tiempo.

El cabello injertado durante el trasplante experimentará un crecimiento regular, completamente similar al cabello natural; por tanto, serán tratados como estos últimos, lavándolos, peinándolos y haciéndolos crecer hasta la longitud preferida.

En resumen, los resultados que se pueden obtener con las modernas técnicas adoptadas para realizar trasplantes capilares son:

• Natural, ya que el cabello implantado pertenece al mismo paciente.
• De larga duración, ya que los folículos extraídos proceden de zonas no susceptibles a la acción de la DHT (dihidrotestosterona), principal responsable de la miniaturización de los folículos en pacientes que padecen alopecia androgenética.
• Gradual, ya que el recrecimiento del cabello implantado se produce de manera constante y

progresiva siguiendo los procesos normales y fisiológicos de crecimiento del cabello.

Costos

El costo de un trasplante de cabello depende de varios factores, tales como:
* El tamaño del área a engrosar.
* El tipo de técnica utilizada.
* La duración total de la intervención.
* La posible ejecución de un mayor engrosamiento después de un tiempo desde la primera intervención.

Además, el precio de un trasplante capilar también puede variar mucho según el cirujano que realice la operación y según la estructura en la que opere.

En este sentido, recordamos una vez más la extrema importancia de contactar con profesionales médicos del sector que trabajen en clínicas altamente cualificadas. Como se trata de una cirugía real, de hecho, no puede permitirse el lujo de ser halagado por aquellos que ofrecen precios excesivamente bajos, poniendo así en riesgo su salud.

Gracias a las modernas técnicas de implantación, es poco probable que ocurran complicaciones al someterse a un trasplante de cabello, siempre y cuando solo se comunique con médicos profesionales.

De hecho, como se reitera varias veces a lo largo del libro, el trasplante capilar no es un tratamiento estético común, sino una verdadera cirugía que, como tal, debe ser realizada por cirujanos especializados.

Si es realizado por manos inexpertas o con técnicas inadecuadas, el trasplante de cabello puede acarrear una serie de complicaciones graves. Estos incluyen la aparición de cicatrices y daños en el área donante debido a la eliminación excesiva de folículos. Los daños que pueden derivarse de trasplantes capilares mal realizados, lamentablemente, a menudo y de buena gana, imposibilitan los tratamientos correctivos posteriores, lo que conduce a daños estéticos irreversibles

Capítulo 6
Mascarillas capilares

Las mascarillas capilares son emulsiones cosméticas formuladas específicamente para su aplicación en el cuero cabelludo y el cabello (en toda su longitud). Son agentes acondicionadores capaces de conferir mayor brillo, manejabilidad, antiestática y volumen a los cabellos opacos, dañados, grasos o teñidos.

Al igual que las mascarillas faciales y los tratamientos cosméticos en general, las mascarillas capilares también se pueden realizar de mil formas distintas: su composición se elige cuidadosamente en función del trastorno a mejorar y del tipo de cuero cabelludo sobre el que actuarán.

Cómo trabajan

Antes que nada, es bueno disipar una duda muy recurrente: la mascarilla capilar no es un sustituto del acondicionador; la mascarilla, de hecho, requiere un cierto tiempo de aplicación y tiene una acción nutritiva o beneficiosa mucho más intensa que un simple acondicionador para el cabello.

Las mascarillas capilares están formuladas principalmente para nutrir y reestructurar el cabello en profundidad, aportándole volumen y fuerza. Para ello, muchas mascarillas están especialmente indicadas durante el período estival ya que los rayos del sol, el agua salada del mar, el cloro de la piscina y la humedad minan la salud del cabello.

Por lo tanto, las mascarillas nutritivas y reestructurantes para el cabello están formuladas con sustancias capaces de reparar la estructura del cabello, haciéndolo visiblemente más voluminoso y fuerte.

Mascarilla Capilar ideal: ¿Qué características debe tener?

Como se ha mencionado, las mascarillas capilares están formuladas con el objetivo de devolver el tono y la vitalidad al cabello aquejado por los más variados problemas (cabello seco, quebradizo, opaco, graso, etc.). Por lo tanto, las mascarillas capilares ideales deben reunir los siguientes requisitos:

* Dar volumen y brillo;
* Mejorar la peinabilidad.
* No apelmazar el cabello después de la aplicación.
* No ocluya, irrite y/o dañe el cuero cabelludo (de ahí la importancia de utilizar siempre sólo productos de calidad).
* Proteger el color del cabello (ya sea natural o artificial).
* Ejercer una acción anti-frizz para el cabello rizado.
* Dar soporte y cuerpo al cabello liso.
* Nutrir, hidratar y proteger el cabello seco y dañado.
* Combatir el efecto graso típico del cabello graso, aclarándolo y dándole un nuevo brillo.

Por supuesto, no existe una única mascarilla capilar que reúna todas estas características, sino que existen numerosos tipos de mascarillas adecuadas para cada tipo de cabello, formuladas específicamente para tratar las diferentes afecciones que pueden afectar al cabello

Tipos de mascarillas para el cabello

Existen numerosos tipos de mascarillas para el cabello actualmente disponibles en el mercado y capaces de satisfacer las necesidades más dispares de los consumidores. A continuación, se enumeran los principales tipos de tratamientos cosméticos de "choque" y sus respectivas indicaciones.

- **Mascarillas Capilares Nutritivas**

Las mascarillas capilares con acción nutritiva están indicadas para cabellos secos, dañados y visiblemente debilitados por el sol, la sal y otros agentes irritantes. El aceite de oliva es un ingrediente que se encuentra a menudo en la receta de mascarillas nutritivas para el cabello.

- **Mascarillas Capilares Reestructurantes**

Este tipo de mascarillas capilares están indicadas en el tratamiento del cabello fino que tiende a romperse. Las mascarillas capilares reestructurantes, a menudo formuladas con queratina, normalmente están enriquecidas con aceites esenciales, aceite de jojoba o extracto de aguacate con propiedades vitamínicas.

- **Mascarillas para Cabello Graso**

Como se desprende de su propio nombre, estas mascarillas capilares están indicadas en el tratamiento del cabello graso: los extractos de ortiga, abedul, hiedra, té negro y enebro son especialmente útiles para este fin, ya que tienen propiedades purificantes y astringentes.

- **Mascarillas Cabello Seco**

Están indicados para el tratamiento del cabello seco: dicho preparado cosmético puede contener activos hidratantes, protectores y nutritivos. Después de la mascarilla, se recomienda pulverizar un aceite específico en las puntas.

Las mascarillas capilares caseras de huevo y limón son un antiguo remedio para el cabello seco, todavía en boga.

- **Mascarillas para Cabello Teñido**

Con los lavados repetidos, el cabello teñido tiende a perder su tono "artificial". Las mascarillas para cabellos teñidos (que no tiñen el cabello) devuelven el brillo y la luminosidad al cabello.

- **Mascarillas Capilares Ultra Suavizantes**

Las mascarillas para el cabello ultra suavizantes ayudan a que el cabello ligeramente ondulado y encrespado sea más suave y terso. Sin embargo, el secador es esencial para favorecer y promover el efecto suavizante del producto.

Instrucciones de uso

Aunque hay muchos tipos de mascarillas para el cabello, el método de aplicación casi siempre sigue siendo el mismo.

La mayoría de las mascarillas, especialmente las profesionales o las que se pueden comprar en tiendas especializadas, deben aplicarse después del champú.

Así que vamos a ver los principales pasos necesarios para aplicar una mascarilla capilar de este tipo:

•	En primer lugar, antes de aplicar la mascarilla, se debe lavar bien el cabello (se recomienda el uso de champús específicos para tu tipo de cabello) y, posteriormente, aclarar igual de bien.
•	Después del lavado, se puede proceder a la aplicación de la mascarilla sobre el cabello aún húmedo y previamente secado (no frotado) con toalla. Normalmente, se aconseja aplicar sobre el cabello una cantidad de producto (mascarilla) igual a una nuez; sin embargo, la dosis recomendada es subjetiva ya que depende del largo del cabello. Sin embargo, se recomienda no exceder las cantidades de producto para evitar apelmazar innecesariamente el cabello. La mascarilla se puede aplicar de dos formas: con la ayuda de una brocha especial, o con las manos. En cualquier caso, para facilitar la distribución uniforme de la mascarilla sobre el cabello, se recomienda utilizar un peine de dientes amplio. Para potenciar el efecto de la mascarilla, se aconseja recoger el cabello en una toalla tibia y húmeda. Como alternativa a la toalla, es posible envolver el cabello con una película

transparente para facilitar aún más la penetración de las sustancias funcionales en el interior del cabello.

• Después de haber cubierto el cuero cabelludo y el cabello con una mascarilla, el producto debe reposar unos minutos, para permitir que los principios activos funcionales contenidos en el cosmético penetren lentamente en el cabello. La velocidad de obturación puede variar según el tipo de máscara utilizada. En general, este tiempo varía de 5 a 20 minutos.

• Una vez transcurrido el tiempo de aplicación, el cabello y el cuero cabelludo deben enjuagarse abundantemente con agua tibia, prestando atención a eliminar cualquier residuo del producto.

• Después del enjuague, puede continuar con el secado y peinado normal.

Por último, recuerde que existen algunas mascarillas capilares de acción ultrarrápida. Estas máscaras no requieren necesariamente una velocidad de obturación precisa y se pueden enjuagar inmediatamente después de la aplicación.

El método de uso descrito anteriormente es válido para la mayoría de las mascarillas capilares que se pueden adquirir en perfumería, en tiendas especializadas y en los supermercados más surtidos.

Sin embargo, en cuanto a las mascarillas capilares caseras, la situación cambia. De hecho, estos preparados caseros -preparados por ejemplo con huevo, yogur, zumo de limón y extractos esenciales- deben aplicarse antes del champú.

Puntos clave

La mascarilla para el pelo…
• NO es un acondicionador.
• Debe distribuirse por todo el largo del cabello.
• También debe ser masajeado en el cuero cabelludo.
• Requiere una cierta velocidad de obturación.
• Debe enjuagarse completamente del cabello.

Mascarillas para el cabello: ¿con qué frecuencia aplicarlas?

Las mascarillas para cabello normal se pueden aplicar una vez por semana o cada dos.

El cabello dañado y/o dañado por el sol, las lámparas UV artificiales o los tintes pueden requerir una aplicación más frecuente, incluso 2-3 veces por semana.

Mascarillas Capilares y Nutrición: la relación

Aunque se aplique regularmente mascarillas capilares, no puede pretender lucir una melena sana, brillante y fuerte cuando está siguiendo una dieta completamente insensata.

Los atracones, la comida chatarra y una dieta baja en proteínas no hacen más que afectar negativamente a la salud del cabello: en estos casos, ni siquiera una mascarilla de prestigio puede hacer milagros.

Para tener un cabello sano, no basta con restaurarlo desde el exterior: una dieta sana y equilibrada es la base para tener un cabello sano y fuerte. Así que luz verde para frutas y verduras ricas en antioxidantes naturales, minerales y oligoelementos y, en las proporciones adecuadas, legumbres, carnes y pescados: recordemos brevemente que la falta de proteínas puede debilitar el cabello, haciéndolo más propenso a la rotura.

He aquí, pues, que, siguiendo una dieta equilibrada, la mascarilla capilar puede ejercer plenamente su efecto "reparador".

Hay tantos mitos sobre las mascarillas para el cabello que disipar. Estas leyendas urbanas, completamente infundadas, a menudo llevan a los consumidores a creer que productos similares son completamente inútiles o incluso dañinos para su cabello.

En verdad, si la mascarilla capilar se elige de acuerdo con las características de su cabello y si se utiliza adecuadamente, los beneficios resultantes son reales y apreciables.

Así que veamos algunos de los principales mitos relacionados con estos productos cosméticos para desmentirlos:

- **La Mascarilla Capilar reemplaza al Acondicionador**

Este mito ciertamente debe ser disipado. De hecho, el acondicionador y la mascarilla para el cabello no se reemplazan entre sí, ya que son productos completamente diferentes.

El acondicionador, de hecho, debe usarse después de cada champú para suavizar y desenredar el cabello y debe enjuagarse inmediatamente después de la aplicación.

Las mascarillas capilares, por su parte, son un tratamiento de choque que hay que llevar a cabo para nutrir, reparar y proteger el cabello con diversos tipos de problemas.

- **Para mejores resultados, la Mascarilla Capilar debe dejarse toda la noche.**

Esta creencia es completamente falsa. Las mascarillas para el cabello, de hecho, deben dejarse actuar solo durante el tiempo necesario que suele especificar el propio fabricante según el tipo de mascarilla y los ingredientes utilizados.

Por lo tanto, dejar la mascarilla para el cabello toda la noche no puede aumentar su eficacia.

Para un cabello más hermoso, la mascarilla para el cabello debe aplicarse después de cada champú.

- **Las mascarillas capilares representan un tratamiento de choque que se debe realizar cuando el cabello lo necesite.**

Sin embargo, las personas con cabello muy seco y quebradizo pueden necesitar aplicar la mascarilla después de cada lavado, especialmente durante los períodos en los que el cabello está particularmente dañado. Por el contrario, para otras personas, la aplicación constante de mascarillas capilares podría acarrear resultados contraproducentes, como el apelmazado del cabello

Otros productos

Además de las mascarillas capilares, existen otros productos que se pueden utilizar para conseguir un cabello más brillante, nutrido y protegido. Estos incluyen productos sin enjuague y paquetes con aceites y mantecas vegetales.

Las envolturas con aceites y mantecas vegetales (aceite de oliva, aceite de ricino, manteca de karité, etc.) son muy útiles para el tratamiento del cabello seco y quebradizo y, en particular, para devolver el tono y la vitalidad a las puntas dañadas.

Al igual que con las mascarillas caseras, las envolturas también deben hacerse antes de lavar con champú.

Productos sin enjuague

Los productos sin enjuague son cosméticos para el cabello diseñados para aplicarse y no enjuagarse. El propósito de este tipo particular de producto es el mismo que el de las mascarillas capilares: dar brillo y brindar protección.

El ejemplo clásico de un producto sin enjuague lo dan los sprays y cremas con acción termoprotectora que deben aplicarse en toda la longitud del cabello justo antes de proceder al secado.

Los productos sin enjuague deben aplicarse, como la mayoría de las mascarillas para el cabello, inmediatamente después del champú (por lo tanto, sobre el cabello húmedo), pero no es necesario enjuagar.

Protectores solares para el cabello

Los rayos del sol, la arena, el viento y la sal son factores de estrés para el cabello: la fibra se daña, el color natural pierde su brillo y el cabello se vuelve indómito. El primer paso para conservar su equilibrio, fuerza y belleza en verano es proteger el cabello con aceites, cremas y sprays específicos que contienen filtros UV y aportan un extra de hidratación y nutrición.

¿Por qué proteger tu cabello del sol?

Los rayos del sol son enemigos de la salud del cabello: dañan el bulbo, ubicado en la parte más profunda del folículo, y las puntas.

Efectos del Sol en profundidad

Los bulbos juegan un papel fundamental en el metabolismo y desarrollo del cabello. Cuando se exponen a dosis masivas de radiación solar, pasan de una fase activa a una pasiva, con la consiguiente pérdida de fuerza. Como resultado, el cabello se debilita hasta que se cae.

El mecanismo es el mismo que para la piel con la diferencia de que el daño no aparece de forma inmediata (como en el caso, por ejemplo, de las quemaduras solares). Pasa tiempo, de hecho, antes de que los rayos UV desencadenen el proceso que determina una pérdida de vitalidad y el consiguiente adelgazamiento. Si no se hace nada para correr a resguardo, al final del verano y en el período otoñal, la caída del cabello puede ser más abundante. Por eso es importante utilizar los productos adecuados, al igual que se hace con las cremas solares.

Efectos del Sol en la superficie

En cuanto al tallo, es decir, la parte externa y visible del cabello, el daño puede ser aún más evidente: sin protección, los rayos del sol resecan la fibra capilar y, con el tiempo, provocan una pérdida progresiva de fuerza. Las escamas del revestimiento del eje se elevan, haciendo que el cabello se seque y se encrespe. Naturalmente, cuanto más se daña el cabello al principio, mayor es la acción del sol que deja huellas evidentes hasta las puntas, que tienden a romperse.

No hay que olvidar que, en verano, el aumento de las temperaturas provoca un aumento fisiológico de la sudoración que provoca un cambio en el pH del cuero cabelludo que se irrita con mayor facilidad. En las horas centrales del día, pues, los rayos infrarrojos sobrecalientan las raíces y pueden provocar una microinflamación de los folículos pilosos, que se verá recompensada en otoño con una caída estacional más abundante.

Qué hacer para evitar el daño del cabello en verano

La sequedad y la pérdida de brillo se contrastan primero con una acción protectora en la playa, luego con un tratamiento reparador al final del día.

Durante el día: protección UV del cabello

Para las horas de sol, la gama de productos protectores para el cabello, que contienen filtros UV, es amplia y satisface diversas necesidades. Por ejemplo, los protectores solares para el cabello en crema crean una película protectora resistente sobre la fibra capilar, lo que los hace ideales para quienes aman sumergirse en el mar o broncearse en la playa. Sin embargo, los fluidos y los sprays son adecuados para quienes prefieren estructurar su cabello de manera ligera y práctica, sin apelmazarlo. Las fórmulas a base de aceites vegetales, como el de argán, potencian la acción protectora y, al mismo tiempo, nutren y recompactan las escamas superficiales que actúan como barrera para el cabello y le dan brillo.

Además, la fotoprotección específica para el cabello protege la queratina y el colágeno de la estructura capilar de la oxidación por los radicales libres. Para el cabello, se debe tener en cuenta el SPF adecuado para su tipo de piel (fototipo); en general, es mejor optar por al menos un índice de protección igual o superior a 30.

Las sustancias que bloquean los rayos del sol son generalmente filtros solares químicos, pero también existen sustancias grasas vegetales (aceites, mantecas, ceras) que protegen de forma natural contra los rayos ultravioleta.

Los fotoprotectores para el cabello deben distribuirse a lo largo del tallo, de raíces a puntas, antes de la exposición, después de un baño o una ducha, o después de muchas horas en la playa.

Consejos para el cuidado del cabello en verano

• Después de un baño en el mar o un chapuzón en la piscina, es fundamental un enjuague rápido con agua dulce para eliminar los residuos de sal y cloro. Estos pueden, de hecho, alterar el equilibrio de la fibra capilar al drenar sus reservas de agua y volverla seca y sin brillo. Preste también atención a la temperatura: el agua no debe estar caliente para no sumar a la acción secante del sol la de un lavado a alta temperatura.

• Por la noche, es recomendable lavarse el cabello con un champú muy suave para no dañar más la suavidad del cabello. Una opción válida es el uso de un aceite-champú, ya que actúa por afinidad: los aceites se unen a las grasas presentes en el cabello y el cuero cabelludo que, a su vez, atrapan los residuos de suciedad y sal, llevándoselo todo con dulzura.

• Después del lavado, necesita un bálsamo reparador, rico en fórmula, pero de consistencia ligera, para aplicar sobre los largos y dejar actuar durante 2-3 minutos. Este tratamiento debe desenredar el cabello y darle suavidad, sin apelmazar.

• Después del aclarado, es mejor evitar más exposiciones solares y permanecer en la sombra, ya que el cabello mojado es quebradizo, menos resistente a la tracción y sufre más la agresión de los rayos ultravioleta. En la playa, pero también en casa, lo mejor es evitar el uso de cepillos y peines de cerdas o dientes gruesos.

Remedios naturales

Los remedios naturales incluyen medicamentos que realizan principalmente tres funciones:

1. **Acción astringente**: los principios activos que promueven esta actividad disminuyen las secreciones de los bulbos, actuando como seborreguladores (recuerde que el crecimiento del cabello puede verse "asfixiado", o en todo caso lastrado, por el exceso de sebo, lo que también favorece los fenómenos inflamatorios locales).

2. **Actividad eudérmica**: los medicamentos a base de aceite dan elasticidad a la piel.

3. **Estimulación de la microcirculación**: los aceites esenciales favorecen la circulación sanguínea en el bulbo piloso. Además, los principios activos volátiles ejercen propiedades desinfectantes (antisépticas).

Todos los remedios naturales tópicos deben ir acompañados de un masaje en el cuero cabelludo, que es útil para favorecer la circulación sanguínea; aunque los tratamientos naturales solo atenúan el proceso de caída imparable del cabello, aún son capaces de ralentizar la tasa de metabolización de la enzima 5-alfa reductasa, y de ejercer un efecto moderado sobre la alopecia androgenética.

Solución alcohólica para frotar

Como hemos mencionado, el masaje es fundamental para el éxito del producto a base de hierbas: de hecho, la fricción favorece la circulación sanguínea. Se propone una solución alcohólica, lo que significa que los principios activos se disuelven en alcohol: bastan unas gotas del producto, que se deben distribuir sobre el cabello y frotar hasta su absorción.

• Nuez (Juglans regia): el fitocomplejo se caracteriza por la presencia de Juglone, taninos, vitamina A y vitaminas del complejo B, por lo que se derivan propiedades antiinflamatorias, antisépticas y astringentes. La nuez también encuentra aplicaciones en productos para el picor y la descamación furfurácea.

• Olmo (Ulmus campestris): el fitocomplejo se compone principalmente de taninos con actividad astringente y antiinflamatoria. El olmo tiene un marcado tropismo cutáneo y es un excelente remedio para las enfermedades endógenas de la piel, como la alopecia.

• Tomillo (Thymus vulgaris): el aceite esencial, obtenido por destilación al vapor, se caracteriza por la presencia de timol, linalol, pineno y carvacrol. El fitocomplejo promueve actividades antibacterianas y balsámicas, provocando una leve irritación a nivel del bulbo piloso.

• Bardana (Arctium lappa): la droga en cuestión tiene un importante tropismo cutáneo. Los tetraterpenos, junto con los poliacetilenos y los fenoles, contribuyen a determinar una actividad antibacteriana y seborreguladora (por eso la bardana también se inserta en productos contra la psoriasis). El aceite extraído de la raíz de bardana es muy utilizado en formulaciones anticaída.

Solución de agua

El segundo producto que analizaremos es una solución acuosa (sin alcohol, como el anterior): también en este caso es recomendable frotar con cuidado el producto en el cuero cabelludo:

• Quillaja saponaria, planta también conocida como Saponaria, cuyo nombre hace referencia a las saponinas triterpénicas presentes en el fitocomplejo, en particular el ácido quillaico y las sapotoxinas. Contrariamente a la creencia popular, cuando se aplica sobre el cabello, Saponaria no produce mucha espuma; se utiliza como portador y humectante, aunque el término "humectante" es impropio ya que las saponinas (surfactantes) disminuyen el sebo superficial.
• Ortiga (Urtica dioica): rica en componentes nitrogenados, aminoácidos, taninos , sales minerales y ácidos orgánicos; la ortiga es nutritiva y promueve la acción exfoliante, además de tener una acción antiandrogénica.
• Romero (Rosmarinus officinalis): su aceite esencial, compuesto principalmente por monoterpenos de bajo peso molecular, proporciona una sensación de frescor inmediata. Además, frena la degeneración del tejido porque, paradójicamente, ejerce una

inflamación, aunque leve, del tejido: de esta manera se favorece la recuperación de la sangre, por lo que se facilitará el riego sanguíneo de los capilares.

• Capsicum (Capsicum frutescens): el chile es rico en alcaloides y vitaminas. Cómo el romero mejora la circulación del cuero cabelludo causando inflamación potencialmente útil en presencia de alopecia.

Otra opción natural

• Como sugiere el término, el plasma rico en plaquetas se compone de plasma con una concentración de plaquetas más alta que la que se encuentra en la sangre normal. Es, de hecho, una sustancia derivada de la sangre completamente natural, que se obtiene por centrifugación, después de la extracción de una cantidad limitada de sangre del propio paciente (hablamos, de hecho, de origen autólogo del PRP: esto significa que, como en las transfusiones de sangre u otros métodos, donante y receptor son la misma persona).

• El tratamiento con Plasma Rico en Plaquetas (PRP) normalmente implica una o más infiltraciones en el sitio afectado.

Capítulo 7
Combatir la caspa

El cuidado inadecuado del cabello es una de las razones más comunes del aumento de la formación de caspa.

La caspa es una pequeña partícula de piel que el cuerpo arroja cuando produce cuero cabelludo nuevo. La piel humana se renueva cada 4 semanas. Por regla general, las partículas que se desprenden pasan desapercibidas. Pero algunas personas pierden cantidades más grandes de células de la piel, por lo que son visibles en el cabello y en la ropa. Esto puede ser percibido como incómodo e incluso conducir al aislamiento. Para tratar la caspa adecuadamente, se debe entender la causa: tanto el cuero cabelludo seco como el graso pueden desencadenar la caspa. La caspa generalmente se puede tratar con medidas de cuidado, pero a veces hay enfermedades de la piel como la neurodermatitis o la psoriasis.

Consejos para contralar la caspa:

Consejo 1: Haz que analicen su cuero cabelludo
El cuero cabelludo demasiado seco o demasiado graso puede provocar una mayor formación de caspa. Dependiendo de la causa, se recomienda un enfoque de tratamiento completamente diferente. Tener el cuero cabelludo evaluado adecuadamente por un dermatólogo es el primer paso para combatirla. Al

(auto)analizarse, ayuda mirar no solo el cuero cabelludo sino también la piel del resto del cuerpo.

- **Señales de que el cuero cabelludo es demasiado graso**

Cabello graso: el cabello parece excesivamente graso o cuelga en mechones.

Película grasa: incluso lavarse el cabello todos los días no hace que la película grasa desaparezca.

Piel brillante: la piel de la cara y el cuerpo es brillante o se siente grasosa

Si el cuero cabelludo está demasiado seco, por el contrario, el resto de la piel suele estar deshidratada y se descama con facilidad cuando está seca y fría. El cabello a menudo se ve opaco y pajizo.

Consejo 2: Usa un champú anticaspa o un tratamiento con aceite

Si el análisis ha demostrado que el cuero cabelludo se está descamando debido a la formación excesiva de grasa, un champú anticaspa clásico de la farmacia o droguería puede ayudar. Los ingredientes del champú contrarrestan la formación de grasa. Además, se combate la levadura "Pityrosporum ovale", que se produce de forma natural en el cuero cabelludo. A menudo es excesivo con la caspa y la contención también reduce la caspa.

- **Cómo utilizar el champú anticaspa correctamente:**

Peine: Antes de lavar su cabello, péinelo a fondo, pero con suavidad para soltar la caspa.

Paciencia: Dejar actuar un poco más que el champú normal para permitir que los ingredientes activos se desarrollen, luego enjuagar bien.

Alternancia: Alterne el champú anticaspa con el champú normal para evitar secar demasiado el cuero cabelludo.

Adaptación: a medida que la caspa disminuye, use cada vez menos el champú anticaspa.

Si el cuero cabelludo está demasiado seco, no se debe usar champú anticaspa. En cambio, existen medidas que hidratan y fortalecen el cuero cabelludo.

- **Si el cuero cabelludo está demasiado seco, ayuda:**

Champús suaves: El champú para bebés, por ejemplo, es adecuado.

No se exceda: evite lavarse el cabello todos los días para preservar el contenido de aceite natural de su cabello.

Tratamiento de aceite: se distribuyen unas gotas de aceite de oliva en el cuero cabelludo por la noche antes de lavar el cabello y masajear. Dejar actuar durante la noche. A la mañana siguiente, peine su cabello a fondo, pero con cuidado y lávelo como de costumbre.

Consejo 3: coma mejor para tener menos caspa

La falta de algunas vitaminas y minerales puede promover o empeorar la formación de caspa. Cambiar su dieta puede mejorar el cuero cabelludo y al mismo tiempo contribuir a la salud general de la piel.

- **Los siguientes nutrientes mejoran el cuero cabelludo:**

Zinc: El zinc juega un papel importante en la salud de la piel. El zinc no solo mejora el cuero cabelludo para la caspa, sino que incluso puede ser efectivo para el acné. El zinc se encuentra en los frijoles, la avena, las verduras de hoja verde, los champiñones, el cacao y las nueces.

Vitaminas B: Al igual que el zinc, las vitaminas B mejoran el cutis. Las lentejas, los huevos, el yogur, las espinacas, los espárragos y los cereales integrales contienen diferentes vitaminas B. Dado que la vitamina B12 solo se encuentra en alimentos de origen animal, los veganos deben asegurarse de obtener suficiente en forma artificial.

Grasas saludables: la piel seca se puede promover al no tener suficientes grasas saludables en la dieta; sin embargo, la piel grasa no empeora con el consumo de grasas saludables. Por lo tanto, la ingesta de ácidos grasos útiles es adecuada para todos, especialmente porque también previenen enfermedades cardiovasculares. Los ácidos grasos monoinsaturados y poliinsaturados se pueden encontrar en semillas, nueces, aguacates y aceites vegetales de alta calidad.

Consejo 4: Descartar enfermedades

En la mayoría de los casos, la caspa es inofensiva. Sin embargo, si no mejoran a pesar del tratamiento, si la piel pica o si hay cambios en la piel, definitivamente debe consultar a un dermatólogo. Podría ser una condición del cuero cabelludo que necesita tratamiento médico.

- **Las enfermedades que se pueden manifestar por la caspa son:**
  - Eccema atópico (neurodermatitis).
  - Soriasis
  - Enfermedad fúngica del cuero cabelludo

Incluso si el dermatólogo determina que es "solo" la caspa regular, una visita no es en vano. Él puede dar recomendaciones para el cuidado adecuado del cabello para la caspa y, posiblemente, prescribir un champú adecuado.

Consejo 5: Lava y cuida tu cabello adecuadamente

En general, el cuidado adecuado del cabello puede prevenir la caspa no relacionada con enfermedades o acelerar el éxito del tratamiento:

- Los peines y cepillos no deben estar demasiado afilados; irrita el cuero cabelludo.
- Demasiado calor y sequía son bastante dañinos. Así que lávese el cabello con agua tibia, no caliente, y séquelo con secador no demasiado caliente (o nada).
- No caliente demasiado las salas de estar y de trabajo, y humedezca el aire si está demasiado seco (con humidificadores o deje que la ropa se seque en la habitación). También ayuda a prevenir los resfriados.
- Demasiados productos para el cuidado del cabello (lacas para el cabello, geles y mousse)

pueden obstruir el cuero cabelludo, lo que también promueve la caspa. Cuando se trata del cuidado del cabello anticaspa, ¡menos es más!

La caspa no es contagiosa ni peligrosa, aunque puede ser visualmente perturbadora. Con un poco de paciencia y el cuidado adecuado, el problema suele solucionarse fácilmente.

TENGA EN CUENTA
La información contenida en este libro es meramente ilustrativa y no reemplaza en modo alguno la opinión del médico y la relación entre éste y el paciente.

#######